꽃물 든 산허리에 별이 뜨면

Prologue

부부의 노래

같은 하늘 아래
같은 시간대에
같이 있다는 것만으로도
든든한 버팀목이 되고
서로에게 삶의 이유가 되는
당신, 그리고 나
굳건한 믿음으로
사랑을 노래하며
두 손을 맞잡고
한길을 걸어갑니다

-소민과 라휘의 시와 사진이 있는 풍경 4-

Contents

Prologue / 부부의 노래 ·········· 2

 홍매화 ·········· 8

봄까치꽃 · 11
산수유꽃 · 13
백목련 · 14
풍란 · 17
배롱나무꽃 · 19
나도샤프란 · 21
클로버 · 22
딸기 · 25
도망가다 · 27
산딸기 · 29
때쯤 · 30
꽃길 · 32

밤 벚꽃 · 35
벚꽃 날다 · 37
꽃물 든 산허리에 별이 뜨면 · 38
아름다운 순간 · 41
툭! · 42
가을의 시간 · 45
첫눈 · 46
겨울 바다 · 49
길에는 바람도 꽃도 그리고 너도 · 50

Part 2 꽃빛발 ······ 52

바람 • 55
삼월의 눈 • 57
낯선 집 창가에 서서 • 58
비 오는 날 • 61
그믐달 • 62
제주도의 밤 • 64
비가 오신다 • 67
노을 • 68
장맛비 • 71
비 오는 날 2 • 72
더위 • 75

넋두리 • 76
쉿! • 78
저 구름들처럼 • 81
별이 가까운 계절 • 83
와라 • 84
빗소리 • 86
가을이 한 장 한 장 • 89
그리움의 거리 • 90
꽃별로 뜨다 • 93
작별 인사 • 94
초겨울밤 • 96

Contents

Part 3 말없이 가만히 ········· 98

커피 한 잔 • 101
나만의 시 • 103
여행을 다녀오면 • 104
리모델링 • 106
신발끈 • 109
열매 • 110
배부른 낭만 • 113
끝까지 • 115
지금 부재중 • 117
살 만한 거야 2 • 118
경의 • 121

살아있다 • 122
삶의 한 도막을
넘다가 • 125
작은 차이 • 127
겸손 • 129
촛불 하나 • 130
미술관에서 • 132
사천 원인데 • 135
배움 2 • 136
슬픔은 바다 • 139
내 삶의 중심 • 140

Part 4 민들레 부부의 사랑 ····· 142

좋은 사람이 오는 날 • 144
군고구마를 먹다가 • 147
좋은 이가 찾아오면 • 148
밤 열 시 삼십 분 • 151
내 친구 • 153
둘이라는 것 • 154
사위 • 157
면회를 뒤로하고 • 158
사랑꽃 • 160
육순 • 162
선물 • 165
딸 부부가 온 날 • 166
영면 • 168
흐린 화요일 • 171
아낌없이 • 173
새벽 세 시 삼십삼 분 • 175
늙은 그대에게 • 176
때 • 179
어머님이 떠나신 날 • 181
떠나보낸다는 것 • 182
엄마 생각 • 185
사랑하는 그대에게 • 186

Epilogue / 나의 좌우명 ····· 188

눈의 넋에 햇살 뿌려
붉은 꽃잎을 빚고
찬바람의 향기 자아
우아한 꽃술을 내밀었다
줄기의 의지가 맺힌
꽃받침에 얼굴을 괴고
봄의 발자국에
살며시 웃음 짓다

― 「홍매화」 전문

Part 1 · 홍매화

봄까치꽃

하얀 햇살에
연노란색이 스밀 때
귀여운 목을
쏘옥 내미는 너
발걸음 조심조심
너와 눈 맞추는데
누군가가
내 등을 톡톡!
뒤돌아보니
네 발자국 따라
살금살금 다가온 봄이
배시시 웃고 있더라

Part 1 • 홍매화

산수유꽃

산수유 꽃가지 하나
살며시
귓가에 갖다 댄다
토옥 톡
노란 봄이 터지는 소리

백목련

꽃샘추위에
몸 웅크리고 있던
하얀 새들
봄바람의 부름에
날개를 활짝 펴고
하늘을 우러르다

Part 1 · 홍매화

풍란

날렵한 목 길게 빼고
밤을 기다린다
어스름 밤그늘이
소리 없이 내리면
비로소 감추어 둔
향기 주머니를 풀고
한 줌 한 줌
향기 씨앗을 뿌린다
마음까지 씻어낼 듯
맑고 서늘한 내음에
살며시 눈 감으면
너울너울 날아오르는,
바람의 영혼 닮은
순백의 숨결

Part 1 · 홍매화

배롱나무꽃

하늘의 품에 얼굴 기댄
붉은 배롱나무꽃
그림자 끝마다 언뜻언뜻
섬세한 레이스 치맛자락
어쩌다 성긴 바람 불면
불꽃 같은 그리움 일렁일렁

Part 1 · 흰배화

나도샤프란

아침부터 윙윙
제초기 소리 요란하더니
김 씨 아저씨의 텁수룩한 수염 같던
언덕배기가 깔끔해졌다
하얗게 질린 얼굴로
오도카니 앉아 있는 나도샤프란
기계 날붙이에도
인정받은 고움이니
고개 반짝 들고 좀 더
당당해져도 돼
때로는 순수한
아름다움도 무기가 된단다

클로버

클로버가 초록 구름처럼
흐르는 곳을 보면
절로 발길이 멈춘다
앉아서 네 잎 행운을
찾아본 적은 없다
클로버를 보기만 해도
미소를 짓게 하는 사람이
나에겐 행운이니까
그 사람이 있는 한
세 잎 행복만으로도 충분한 나는
오늘도 초록 구름바다를
그냥 지난다
세상이 온통
행복으로 가득하다

Part 1 · 홍매화

딸기

딸기 한 알에
사르르 눈웃음
딸기 두 알에
입안이 볼록볼록
딸기 세 알에
그윽한 향기 가득
먼 데서 온 딸기
마음 가득 담긴 선물
몽실몽실 피어나는
딸기 빛깔 웃음소리
알알이 떠오르는
그리운 얼굴

Part 1 · 홍매화

도망가다

물오른 매화나무 가지에
옷자락이 걸린 구름
내친김에 쉬어 갈까
엉덩방아 콩콩콩!
매화 꽃잎 톡톡 터져
향기 화살 쏘아내니
하얀 엉덩이 슬쩍 들고
슬금슬금 도망가다

Part 1 · 홍매화

산딸기

산딸기가 발간 불을 밝히는
산모롱이 구불구불 산길
반짝이는 초록 능선을 등대 삼아
그 애와 하염없이 걸었지
숨 막힐 듯 뜨거운 햇살 사이로
시원하게 스쳐 가던 푸른 바람
멀리에서 뻐꾸기 소리가
걸음걸음 따라붙었지
예고 없이 그냥 정한 길
너도, 나도 교복 차림 그대로
물 한 병 과자 부스러기 하나 없어
산딸기로 주린 배를 채웠지
지금은 얼굴도 잘 기억나지 않는 그 애
눈 마주칠 때마다 드러나던 하얀 이와
산딸기 줄기에 긁혀 피맺힌
거친 손등만 생각나
뻐꾸기 소리 들을 때마다
탐스러운 산딸기를 입에 넣을 때마다
생각나는 아득한 여고 시절
어느 날 추억의 한 도막

때쯤

얼어붙은 땅속에 스민
훈훈한 바람 한 줄기에
목련꽃 봉오리가
보송한 뺨 부풀릴 때쯤
그대 눈뜨시는가, 봄

찬 바람의 그림자에 숨은
금실 같은 햇살의 간지럼에
동백 꽃봉오리가
바알간 웃음을 터뜨릴 때쯤
그대 몸 일으키시는가, 봄

다스해진 바다 위
윤슬의 고운 춤사위에 반한
연둣빛 새순이
고개 갸웃거리며 발 동동 구를 때쯤
그대 사분사분 오시게나, 봄

Part 1 · 홍매화

꽃길

언덕 아래 한적한 길에서
차를 멈추는 그이
의아해서 돌아보니
내려서 길모퉁이로 가보란다
봄볕에 기지개 켠
개나리 꽃가지
구름 같은 꽃등 단
하얀 목련꽃나무
무리 지어 손잡은 채
눈 깜박이는 봄까치꽃
점점이 펼쳐져
볼 붉힌 광대나물꽃…

출발선에서
기다리기라도 한 듯
세상이 온통
봄의 색깔이다
지켜보는 그이에게
먼저 가라 손짓했다
조금 걷는 게 대수인가,
무려 꽃길을 가고 있는데

밤 벚꽃

잘 부푼 쌀튀밥처럼
소담하게 피어올라
하얀 웃음으로
밤하늘을 밝히는 벚꽃
여기도 꽃그늘
저기도 꽃구름
홀린 듯 그이와 손잡고
나선 산책길
한들한들 춤추는
벚꽃 가지 사이로
은실처럼 번지는
초이렛날의 고운 달빛
가로등 아래 흐드러진
발그레한 꽃 그림자
뺨을 톡톡 치는
바람은 아직 차나,
내 마음은 온통
다스한 분홍빛

Part 1 · 홍매화

벚꽃 날다

가지마다 도톰하게 맺힌
꽃봉오리를 본 게
엊그제 같은데
벌써 눈처럼 날린다
천지가 온통 흰나비 떼다
운동을 핑계 삼아
날리는 벚꽃을 보러 갔다

벚꽃이 핀 길만
따라 걸었다
벚나무 아래 키 작은 나무들이
크리스마스 트리라도 된 듯
벚꽃잎을 머리에 이고 앉아 있다
마치 얇은 극세사 분홍이불을
덮은 것 같다

봄이 늦게 와서 많이 기다렸는데
빨리 가려나 싶으니 아쉽다
바람이 분다
흰나비 떼가 자유롭게 날아오른다
달아나는 봄을 살며시 잡아본다
보드레한 꽃잎들,
참 눈부시다

Part 1 · 홍매화

꽃물 든 산허리에 별이 뜨면

꽃물 든 산허리에 별이 뜨면
집집마다 밥 짓는 연기가
버섯처럼 굴뚝에 달라붙고
아이들을 부르는 소리가
크고 작은 굴렁쇠 되어
이 골목 저 골목을 굴러다녔지
쉼표 없이 우리 세 자매를 부르는
엄마의 짜랑짜랑한 목소리가
덩굴장미 흐드러진 담장을 넘으면
흙 묻은 엉덩이 툭툭 털고 일어나
구수한 밥 냄새가 우릴 반길 때까지
주린 배 움켜쥐고 냅다 달렸어
아직도 그 소리는 귀에 쟁쟁한데
이제는 먼 길 떠나 뵐 수 없고
빈 메아리만 가슴에서 맴도는 시간
꽃물 든 산허리에 별은 여전한데
부름 없어 서러운 마음 한 귀퉁이에
푸르게 번지는 짙고 깊은 그리움

Part 1 · 홍매화

아름다운 순간

고운 꽃 몇 송이 그리고
좋은 벗의 시 몇 편 읽고
며칠 씨름하던 풍경화를
마무리 지었다
긴 의자와 짧은 의자를 붙여
간이 침상을 만들고
피곤한 몸을 뉘니
좋다! 소리가 절로 나온다

기다란 창문 액자 안에
구름이 흘러간다
하염없이 보는데
가슴 속에 흐르는 깊은 강물
찰칵!
마음의 셔터를 눌러
기억의 저장고에
아름다운 순간으로 갈무리한다

이렇게 차곡차곡 쌓이는
잊지 못할 순간들을
힘들고 어려울 때 꺼내어 보며
눈물을 미소로 바꿀 수 있다면
제멋대로 드나들며 속을 갉아먹는
삶의 굴곡을 부드럽게 타넘어
순간을 영원같이
살 수 있을 게다

툭!

새파란 하늘가에
알록달록 물감 번져
먼 산의 숲이 일어서는 오후
툭!
고요한 밤나무밭에
알밤 떨어지는 소리
가을이 익는 소리

가을의 시간

가을비가
노오란 산국의 향기처럼
엷게 내리는 오후
소슬바람에 쫓겨난
붉은 나뭇잎 하나가
창문을 두드린다, 톡톡!
나는 고개 들어
고 작은 얼굴을
가만히 마주한다
마른 화선지같이 버석한
내 가슴에 물이 든다
한 겹 한 겹 촉촉이…
마음이 고요히 머무는
깊고 잔잔한 한때
가을의 시간

첫눈

한 점 한 점
보일 듯 말 듯
사뿐사뿐 내딛는 발끝 아래
까만 산 희끗희끗
하얀 설렘 아른아른

한 겹 한 겹
쌓일 듯 말 듯
아스라이 멀어지는 춤사위 너머
하얀 설렘 도막도막
흐리게 덧칠되는 아쉬움

Part 1 · 홍매화

겨울 바다

파란 하늘 아래
노란 햇살 내려
진초록으로 물든 바다
하얀 물결 출렁출렁
윤슬 위에 반짝이는
겨울의 맑은 미소
차가운 바람 걸러
은빛 아지랑이로
다사롭게 피어나다

Part 1 • 홍매화

길에는 바람도 꽃도 그리고 너도

길을 나선다
에워싼 보호의 울타리를 벗어나
는개가 엷게 깔린 설렘의 다리를 건너
바람이 세찬 삶의 비탈길을 걷는다
도착할 때가 언제인지 나는 알지 못한다, 다만
꽃들의 의지가 소망처럼 핀 꿈의 들판이
도착지라는 건 믿고 있다
그리고 그곳에
너도 있다, 내 안의 네가 환하게 웃고 있다

※ 길에는 꽃도 바람도, 그리고 너도 있다/허정아
  /도서출판글벗/2025 에필로그 시로 헌정한 시

눈 안에 자꾸
노란색이 차오른다
환하게 번지는 꽃빛밭
봄이 오려나 보다

― 「꽃빛밭」 전문

Part 2 · 꽃빛발

바람

바람 소리가 듣고 싶은
날이 있다
문을 열어도
문을 닫아도
파란 얼음사탕 같은
향기를 머금고
끊어질 듯 이어질 듯
귓바퀴를 맴돌다가
차르르 차르르르
맑은 가루로 내리는 날
창문 많고 지붕 없는
넓은 방에 누워
생각의 사슬 끊어
바람 꼬리에 널어놓고
쏟아지는 별빛을 이불 삼아
맘껏 뒹굴고 싶은,
바람 소리가 그리운
그런 날이 있다

Part 2 · 꽃빛밭

삼월의 눈

눈이 바람을 타고
옆으로 날아간다
세상이 온통
하얀 가로선으로 덮인
그림이다
늦은 삼월에
내리는 눈
한 박자 늦어 더 아름다운
나의 삶 같다

낯선 집 창가에 서서

낯선 집 창가에 서서
빗소리를 듣는다
항상 내려다보던 가로등을
올려다보니 서먹하다
키 높은 가로등 아래로
부챗살처럼 퍼져 실처럼 흐르다가
어둠을 껴안고
길바닥에 눕는 회색 빗방울들
스르르 토닥토닥…
남의 집 창가에서 듣는
귀에 익은 빗소리
얼른 오라고 우리 집이 부르는 노래
창밖 풍경이 익숙해질 때쯤
새 옷 입은 그곳으로 돌아가겠지
어색한 듯 설레는 듯
익숙한 듯 그리운 듯
낯선 집 창가에 서서
빗소리를 듣는다

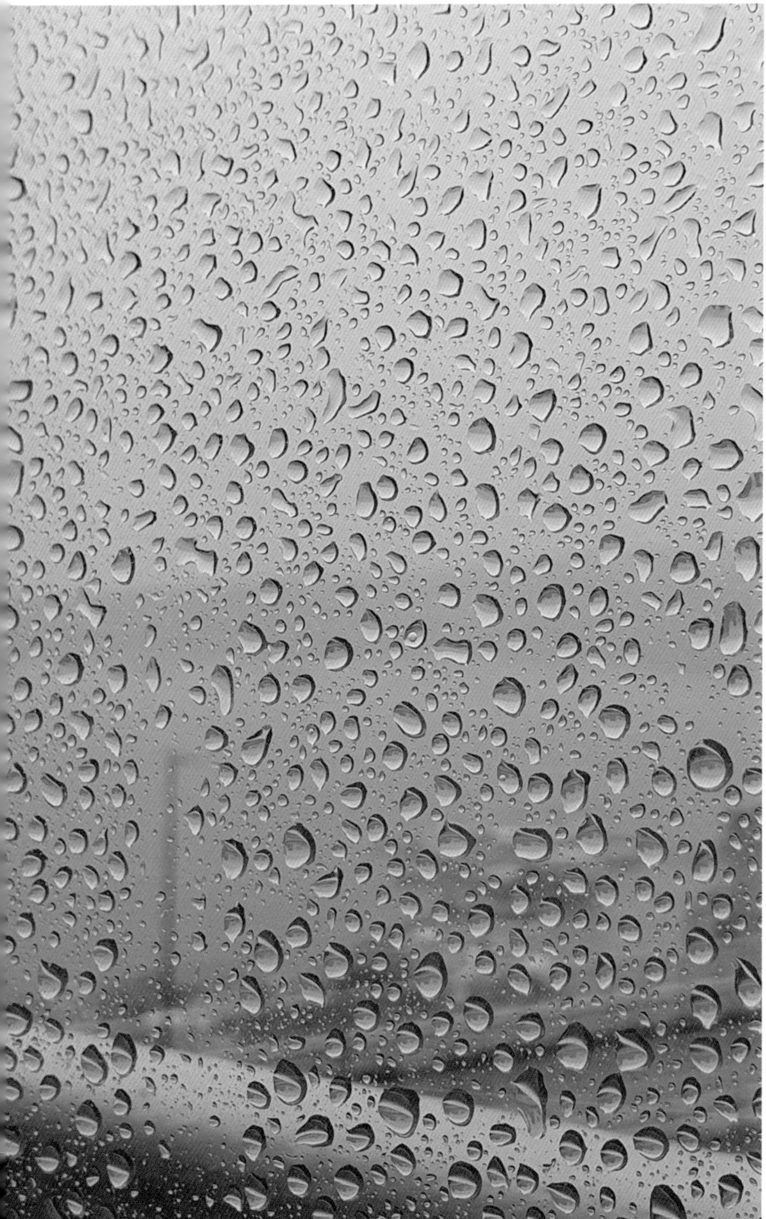

Part 2 · 꽃빛발

비 오는 날

비 오는 날의 벚꽃은
유난히 하얗다
동글동글 뭉친 벚꽃 향기가
빗물처럼 흘러 다니고
떨어진 꽃자리마다
높은음자리표 같은
꽃물이 맴돈다
연분홍 꽃잎을 머리에 인
고양이 한 마리
낡은 우산 아래
등을 동그랗게 마는
비 오는 날 오후
멈칫멈칫 머무는
내 발자국 웅덩이에서
송이송이 피어오르는
촉촉한 봄
내 마음은 온통
벚꽃 항아리다

그믐달

외로운 새벽을 길어
그믐달에 부으려 하니
자꾸만 고개 숙여
비워버린다
여윈 몸피로 담기엔
너무나 버거운
날카로운 슬픔의 그릇

제주도의 밤

조각달 핀을 머리에 꽂은
제주 하늘 아씨
구름 자락 펄럭일 때마다
푸른 눈꺼풀 깜박깜박
짓궂은 비행기 한 마리
날개 펴고 달려들면
밤의 품속으로 몸 숨겨
조각달 핀만 쏘옥

Part 2 · 꽃빛발

비가 오신다

비가 오신다
조록조록 발자국마다
물 향기를 흘리며
비가 오신다
나는
노란 향초를 켜고
커튼을 열어
비의 산책을 엿본다
향기로운 웃음을 터뜨리며
촛불이 춤춘다
망울망울 맺히는
노란 숨결 위로
비처럼 촉촉하게 번지는
보고픈 얼굴 하나
비가 오신다
조록조록 발자국마다
그리움을 흘리며
비가 오신다

Part 2 · 꽃빛발

노을

무에 그리 서러운지
노을이 눈시울을 붉힙니다
가만히 바라보던
내 눈시울도 붉어집니다
숨 막힐 듯 고운 얼굴에
말보다 눈물이 먼저
달려 나오는 까닭을
아시나요, 그대?
바알간 속눈썹 아래
담방담방 고인
눈물 빛깔의 그리움이 넘쳐
강물처럼 흐르기 때문이라는 걸

Part 2 · 꽃빛발

장맛비

요즘 장맛비는
참 이상해
낮엔 졸다가 잠들다가
밤에는 깨어 돌아다닌다
한낮 푸른 하늘가에
얇게 풀린 하얀 구름
마냥 곱다 감탄하기엔
왠지 찜찜해
검은 밤그늘이 내리면
도둑비로 변하니…
풀어진 아름다움엔
숨은 그루터기가 있다

비 오는 날 2

볼록한 꽃술에서
찰랑찰랑 또로롱
휘어진 풀잎마다
동글동글 통통통
우산 골의 끝에서
방울방울 조르륵
내 새는 신발에선
뽀각뽀각, 뿌걱뿌걱!
온 세상이 어울려
제 악기로 연주하는 날
나는 신나게 발 구르는
비 교향곡 지휘자

Part 2 · 꽃빛발

더위

파란 하늘은
빙하처럼 시리고
하얀 구름은
눈꽃빙수같이 날리는데
부풀어 오른 대기는
유리막 안에 갇힌
태양의 방귀 같다
더워, 더워! 외침이
도돌이표로 터져 나오는
하루 한복판
붉디붉은 배롱나무꽃마다
향불처럼 자작자작
여름이 타는데
매미 울음소리만
시간의 그늘 아래 구성지구나
어우야!
이 징한 더위의 횡포

Part 2 · 꽃빛발

넋두리

팔월의 가운데에 선
한 여자의 넋두리가
시소를 탄다,
오르락내리락

팔월의 중간인데
도통 갈피를 못 잡겠어
아니, 뭐가?
낮에는
뜨거운 매생이국 머금은
혓바닥 같은데
저녁엔
오이냉국 속 얼음 조각 잘못 삼킨
목구멍 같아

낮에 나온 반달은
햇살에 튀겨져
바삭바삭 기름과자 같더니
밤에 눈 뜬 별들은
바람에 말라서
포슬포슬 찹쌀가루 같지 뭐야
엊저녁엔 매미들의 고성에
귀에서 꽹과리 소리가 나더니
오늘 밤엔 저놈의 풀벌레들
잠도 없나, 쓰르락쎄르락…

에효-
오늘 밤도 눈이 초롱초롱
이리 뒹굴 저리 뒹굴
잠자긴 다 글렀네

쉿!

쉿!
여기를 봐
가을이 슬그머니
발을 들이나 봐
바람 안에
서늘한 맛이 깃들고
풀벌레 소리가 밟힐 듯
이리도 가깝잖아

쉿!
아니, 저기를 봐
가을이 곰질곰질
손을 내밀고 있어
토실하게 여문 별들이
몸 흔들며 깔깔대고
손톱 세운 조각달이
나뭇잎들을 똑똑 따는걸

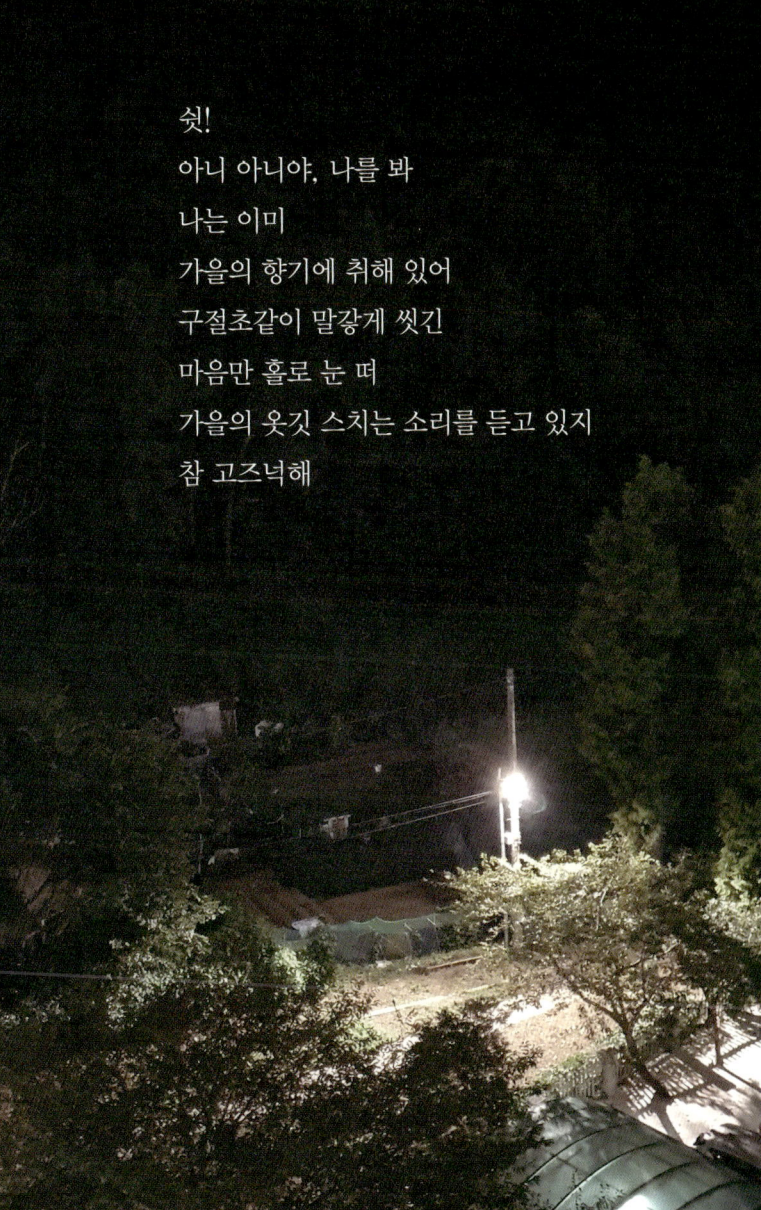

쉿!
아니 아니야, 나를 봐
나는 이미
가을의 향기에 취해 있어
구절초같이 말갛게 씻긴
마음만 홀로 눈 떠
가을의 옷깃 스치는 소리를 듣고 있지
참 고즈넉해

Part 2 · 꽃빛밭

저 구름들처럼

푸른 하늘 운동장에서
구름들이 달리기를 합니다
누가누가 빠르나 곁눈질하며
앞다투어 달립니다
숨 한 번 쉬기도 전에
가장 빠른 몸으로
자세를 바꾸며
잘도잘도 나아갑니다
나도 저 구름들처럼
마음을 유연하게 다듬어
삶의 바다 위를 부드럽게
달려가고 싶습니다

Part 2 · 꽃빛밭

별이 가까운 계절

가을은
별이 가까운 계절
빌딩숲 사이
긴 전깃줄에 걸린 별이
가만히 다가와
내 안을 들여다본다
생트마리의 별처럼
금빛으로 반짝이며
꿈의 약속을
지키라 한다

반짝—
눈을 뜬 꿈의 씨앗이
별과 마주한다
작은 꽃별이 떠오른다
내 마음의 계곡에
줄을 달고 별을 묶어
올곧게 바라보자
유난히 별이 가까운 계절
이 고운 가을에

와라

하늘은 짙은 쪽빛
산기슭엔 옅게 물든 단풍
들녘은 알찬 이삭 넘실넘실
날씨는 여전히 불볕더위

바다엔 살진 달빛
산마루엔 또록또록 푸른 별빛
강물은 굽이굽이 서늘한 노래
날씨는 여전히 날마다 열대야

계절의 몸피 구석구석
가을빛 겹겹이 스며드는데
달군 돌솥같이 뜨거운
기온만 여전히 여름

가라, 끓는 물 같은 여름아
와라, 소심한 아이 같은 가을아
그래야 내 마음에도 곱게
단풍 들지 않겠나

빗소리

개구쟁이 하늘아이가
하늘나라 물탱크
배수구 마개를
잘못 건드렸나
좌르륵 내리붓는 빗줄기에
우산이 부끄러운 날

열기의 다발이 풀어져
비꽃으로 내리는 저녁
온통 회색의 세상에서
점점 도드라지는 푸른 빗소리
가슴 속에 응어리진 시름이
풀어져 내리는 소리

Part 2 · 꽃빛밭

가을이 한 장 한 장

벼르고 벼르다 주문한
책들이 드디어 왔다
새 책 특유의 향기에
미소가 피어난다
바람 고운 창가에 앉아
책을 펼친 후
시간 넉넉하게 두르고
세상 편한 자세로
발장단 까닥까닥
책장을 넘긴다
같이 읽자고
하늘이 쓱 넘겨다본다
책장이 갈잎처럼 팔랑인다
가을이 한 장 한 장
넘어간다

그리움의 거리

유난히 밝고
부조처럼 도드라진 달
엷은 구름을 면사포 삼아
사분사분 다가온다
길게 끌리는 달빛 따라
한없이 걷고 싶은 밤
빌딩의 불빛 너무 밝아
길을 찾을 수 없다
그 서늘하고 쓸쓸한 거리
그리움의 거리

Part 2 · 꽃빛발

그림_ 꽃강 남은미

꽃별로 뜨다

간절한 소원 담은
별꽃항아리 속에서
톡톡 터져 날아오른
노오란 꽃잎들
슬픈 하늘에 반짝반짝
꽃별로 뜨다

작별 인사

붉게 핀 여윈 장미 한 송이
가지 끝에 매달린 갈잎 하나
앵두보다 더 고운 남천 열매
군데군데 모여 손 흔드는 억새풀
감나무 꼭대기의 반쯤 쪼아먹은 까치밥
쪽빛 하늘가에 몽글몽글 구름 한 점
떠나는 가을의 소심한 작별 인사

초겨울밤

빈틈없이 몸 붙인 나이 찬 배추들
초록 치마 꽁꽁 여미고
짓궂은 된바람과
실랑이하는 밤
나란히 팔짱 낀 어린 마늘들
뾰족한 머리 내밀어
하얗게 눈 치켜뜬 서릿발과
힘겨루기하는 밤
야윈 나뭇가지마다
조롱조롱 매달린 별의 잎새
댑바람에 우수수 떨어져
어둠 속에 몸 숨기니
볼 부풀리며 다가온 눈구름의
긴 소맷자락 끝마다
팝콘 같은 눈송이가
펑펑 터지겠다

Part 3

말없이
가만히

멀쩡한 듯 보이지만
안으로 곪는
깊은 감정의 찌꺼기
걸러내는 시간
말간 웃물이 뜰 때까지
기다림이 필요해
진심으로 걱정된다면
재촉하지 않고
말없이 가만히
지켜봐 줄 것

- 「말없이 가만히」 전문

Part 3 · 말없이 가만히

커피 한 잔

이월의 끝자락이
손 흔들던 날
밤새 촉촉이
비가 내렸다
창문을 열고
숨을 깊이 들이마시니
꽃바람 머금은
커피 향기가 난다
문득 생각나는
커피 한 잔 나누고 싶은 사람
멀리 있어서
더욱 보고픈 그대

그리움 듬뿍 올린
커피 한 잔을
자유로운 이 바람에
실어 보내니
그대 창문 열고
맘껏 즐겨주시길
새침하게, 아닌 척
고개 돌려도 좋다
슬며시 손만
흔들어줘도
좋아하는 그 마음
난 다 아니까

나만의 시

콩나물이 덜 삶아졌을 때
냄비 뚜껑을 열면
비린내가 나듯
시도 마음속에서
충분히 재우지 않으면
밍밍해져요
맛깔스러운 시의 가락을
뽑기 위해서
시어를 고르고 다듬고
치대다 어느 순간
실꾸리에서 첫 실이 풀리듯
시가 술술 나오는 순간
잡았다!
두 손으로 움켜쥐고
맛난 콩나물 무치듯
조물조물 버무리면
이게 바로 제맛 나는
나만의 시가 되지요

여행을 다녀오면

여행을 다녀오면
하고 싶은 일이 더 많아진다
진분홍빛 연둣빛 듬뿍 담아
그림을 그리고 싶은 날
조곤조곤 속삭이는
봄비의 목소리가
귓바퀴에서 맴돌면
동글동글 사르륵사르륵
손끝에서 피어나는
작은 꿈꽃 한 다발

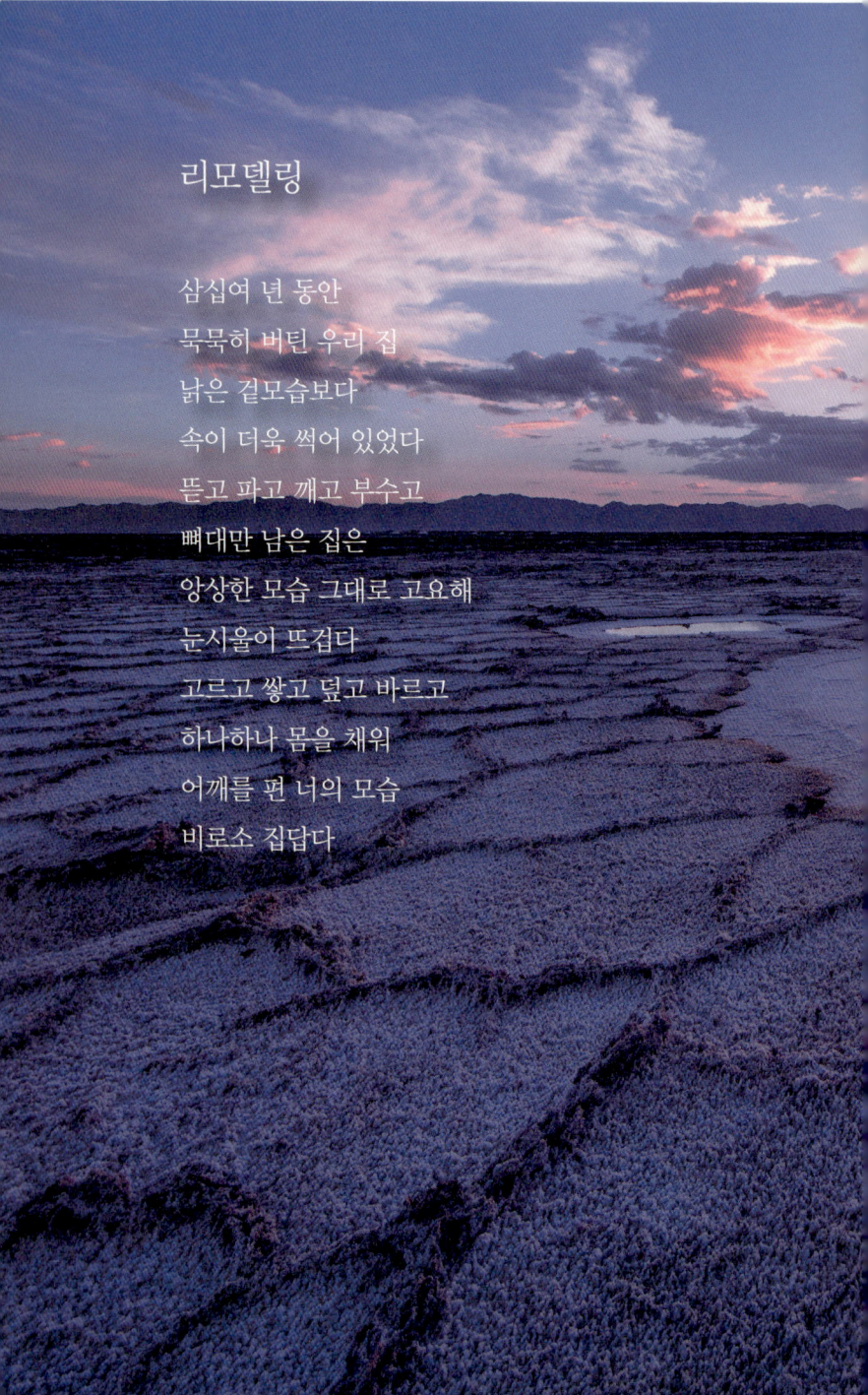

리모델링

삼십여 년 동안
묵묵히 버틴 우리 집
낡은 겉모습보다
속이 더욱 썩어 있었다
뜯고 파고 깨고 부수고
뼈대만 남은 집은
앙상한 모습 그대로 고요해
눈시울이 뜨겁다
고르고 쌓고 덮고 바르고
하나하나 몸을 채워
어깨를 편 너의 모습
비로소 집답다

육십여 년 동안
쉼 없이 일한 내 몸
늙은 겉모습보다
속이 더욱 곪아 있었다
늘어지고 멍들고 구멍 나고 무너지고
버텨낸 세월의 하소연에
가슴이 먹먹하다
올리고 풀고 때우고 세우고
하나하나 몸을 살펴
쓸만하게 만드는 일
나는 여전히 리모델링 중이다

Part 3 · 말없이 가만히

신발끈

계단 올라가는 학생의
신발끈이 나풀거린다
신발끈이 풀어졌다고 하니
힐끗 돌아보곤 그냥 간다
괜한 오지랖 떨었나
머쓱해서 하늘을 보니
구름도 풀어져
나풀거린다
뒤따라가는 내내
내 눈길도 나풀나풀…
교문이 보인다
다행이다

열매

하고 싶은 일을 하니 좋은데
다했다고 열매까지 얻었다
통통 튀는 발걸음으로 받아 든
자격증 종이 한 장의 무게에
내내 가슴 설렜던,
유난히 노을이 고운 어느 날

Part 3 · 말없이 가만히

배부른 낭만

멀리서 들리는
닭울음 나팔
끊어질 듯 이어지는
뻐꾸기의 노래
커튼 사이로 파고드는
새들의 지저귐
간간이 끼어드는
까마귀의 우렁찬 외침

눈꺼풀을 자분닥대는
햇귀의 장난질
신록의 머리 위에서
수런수런 바람의 수다
등허리 움찔움찔
꼬물대는 손발가락에
톡톡 터지는
촉촉한 새벽 향기…

자, 일어나자 벌떡!
기차 달리는 소리에 묻어나는
갓 지은 밥 냄새에
엉덩이 씰룩대며
주걱 들어 아침밥 퍼야만
비로소 아침이지
자고로 배부른 낭만은
밥심 뒤에 나오는 거여

Part 3 · 말없이 가만히

끝까지

그림을 그리다 망쳤다,
반도 못 그렸는데
그냥 버릴까 하다가
찢기 불쌍해 하룻밤 재웠다
아침 햇살 아래
오도카니 앉아 있는 그림
못 봐줄 만큼은 아니다
끝까지 그려볼까?
숨어 있는 색을 찾고
꼬여 있는 색을 푸니
그림이 그려졌다
제법 봐줄 만하다
그래,
우리네 삶도 그렇다

Part 3 · 말없이 가만히

지금 부재중

물건은 새것이 좋고
사람은 옛사람이 좋다더니
오늘은 유난히
헌 사람이 그립다
가깝다고 생각한 사람이
어느 순간 낯설어질 때
허둥지둥 익숙함을 찾아
주변을 두리번거릴 때
비로소
없던 것처럼
내 곁에 머물던 이가
살갑게 다가선다
헌 사람이 유난히 소중하고
다스하게 느껴질 때
하지만 그는
지금 부재중

살 만한 거야 2

사연 없는 사람이
어디 있으랴
삶의 굴곡 없는 사람이
또 어디 있으랴
단지 드러내고
감춤의 차이일 뿐인데
나만 그런 것 같다고
생각하면 억울하지만
다 그렇다는 걸
알게 되면 조금 더 너그러워지지
꽃이 시드는 이유는
열매를 맺기 위함이고
바람이 세찬 이유는
삿된 것을 쓸어내기 위함이니
흐르는 대로 몸을 맡기면
세상은 아직 살 만한 거야

Part 3 · 말없이 가만히

경의

깊은 밤 한 굽이 꼭대기에서
잠이 깨었다
번쩍이며 하늘을 가르는 빛
땅을 뒤흔들며 으르렁대는 소리
치닫는 바닷물과 내닫는 민물의
누런 용틀임
자연이 주인 되어 뒤흔드는
밤은 이리도 거세다
그렇게 세상을 부술 듯 두드려 대다
언제 그랬느냐는 듯 잔잔해지는
아침의 초연함 앞에서,
배경의 한 모퉁이 작은 점 하나로
겨우 존재를 허락받은 나는
그 위대함을 읊는 것까지 사치일 테지
그저 고개 숙여 겸손하게
경의를 표할 뿐

살아있다

자꾸 어둠이 마음을 파고들 때
뭔가에 빠질 수 있다는 건
다행한 일이다
그림 한 장에 손끝을 모으고
글귀 하나에 마음을 심으며
다시 헤어날 힘을 얻는다
하늘이 푸르다
절로 고개가 들린다
구름꽃이 눈부시게 희다
눈매가 부드럽게 휘어진다
나는 살아있다
살아야겠다

Part 3 · 말없이 가만히

삶의 한 도막을 넘다가

할 수 있을 때 하는 것도 좋지만
하고 싶을 때 하기
먹을 수 있을 때 먹는 것도 좋지만
먹고 싶을 때 먹기
갈 수 있을 때 가는 것도 좋지만
가고 싶을 때 가기
하염없이 선을 긋다가도
이게 뭔가 싶을 땐
그어놓은 선을 그냥
핑계 없이 지우기도 할 것

Part 3 · 말없이 가만히

작은 차이

새벽 네 시 십삼 분
실내온도 29도
더듬더듬, 여기 있다
에어컨 리모컨
새벽 네 시 십육 분
실내온도 26도
비로소 살 것 같다
가물가물 눈이 감긴다
열대야의 가름은
단 3도
내 몸의 안녕도
딱 3도
때론 작은 차이가
온전한 삶의 눈금을 채운다

Part 3 · 말없이 가만히

겸손

날렵한 비행기 날개에
얇게 저며진 구름이
희끗희끗 풀어진
솜사탕 비늘처럼 스쳐간다
발밑으로 몽실몽실 피어오르는
구름 아래 세상은 마치
움직이는 소인국 지도 같다
잠시 신의 세계를 엿본 것 같은
불경함에 나는
살며시 눈을 깔고
가지런한 겸손을 배운다

촛불 하나

어릴 땐 생일이 기쁨이었는데
요즘은 조금씩 무거움이 실린다
나이테가 늘어날수록
굼떠지는 육신과 좁아진 시야
꼬이고 뭉쳐 굳어버린 생각의 틀에
마음이 불편해진다

한 살 더 먹을수록
한 겹 더 원숙해지고 싶다
말랑하게 반죽해서
무엇을 얹어도 맛있는
넓고 얇게 편 피자 도우처럼
그렇게 마음밭을 가꾸고 싶다

도돌이표 같은 말을 삼키고
귀를 열어 잘 들어주며
가끔은 느긋하게 뒤돌아
미처 따라오지 못한
내 작은 영혼의 발걸음을
기다려 주기도 하는 날, 오늘

아이야, 내 생일 케이크의 초는
한 개만 켜 주렴
일 년에 한 번씩 말간 영혼으로
다시 태어나도록…
촛불을 불며 비는 기원
이 가을이 눈부신 또 하나의 이유

미술관에서

세계적으로 유명한 화가의
미술관에 갔다
현지 가이드가
작품 설명을 하던 중
우스갯소리를 한다
작품을 보던 한 아이가
제 아빠에게
이 정도는 나도 그리겠다 했다지?
아는 만큼 보인다는데…
고개 갸웃거리다가
옆에 선 노신사의 진지한 표정에
슬그머니 돌아섰다
배움의 높이는 어디까지일까?
보이는 만큼 이해가 된다는데
나는 잘 모르겠다
아, 몰라
그냥 이런 그림도 있구나
고개 끄덕이며
보이는 그대로 받아들이고
더하기 빼기 없이 살련다

사천 원인데

참으로 오랜만에
나온 산책길
짜장면 한 그릇 먹고
커피 한 잔 사서
하늘 보고 바다 보며
느긋하게 걷다가
우뚝 발을 멈추었다
크기가 제각각인 호박 실은
허름한 리어카 옆
센 바람에 허리 숙인 할머니
우리 어머니 나이대 같은데…

값을 묻지도 않고
요놈 하나 주세요, 어머니! 했더니
작은 거 하나 더 넣으며
삼천 원, 하신다
지갑을 여는 사이
조막만 한 게 하나 더 들어간다
마수걸이 고마워, 소리를
뒤로 하고 걷다가
묵직한 비닐봉지와 컵 커피를
번갈아 바라봤다

커피 한 잔도 사천 원인데…
문득
커피 든 손이 부끄러워졌다

배움 2

아들이 내 이름 새겨
선물한 만년필이
몇 년 만에 기지개를 켜며
제구실을 하기 시작했다
처음엔 비포장도로의
자동차가 낸 바퀴 자국같이
삐뚤빼뚤 서툴지만
하다 보면 언젠가
매끄러운 신작로처럼
보기 좋게 흐를 날 있으리라
어제보다 나은 오늘
오늘보다 나은 내일을
꿈꾸기에
비교에 빠지지 않고
속도에 연연하지 않으며
꾸준히 가고 싶은 길을 가련다
새로운 이정표를
하나하나 박을 때마다
꿈의 조각이 반짝인다
후우-
가슴이 두근거린다

아들이 내 이름으로
선물한 만년필이
몇 년 만에 기지개를 켜고
제 구실을 하기 시작해
처음엔 비포장도로의
자동차가 낸 바퀴자국 같이
삐뚤삐뚤 서툴지만
하다보면 언젠가
매끄러운 신작로처럼
보기 좋게 흐를 날 있으리라
어제보다 나은 오늘
오늘보다 나은 내일을
꿈꾸기에
비교에 빠지지 않고
속도에 연연하지 않으며
구준히 가고 싶은 길을 가련다
새로운 이정표를
하나하나 박을 때마다
꿈의 조각이 반짝인다
후우-
가슴이 두근거린다
　　　　〈배움 2〉-박선숙-

Part 3 · 말없이 가만히

슬픔은 바다

슬픔은 바다
푸르게 멍든 물결의 몸부림
얕은 슬픔은
밀려갔다 밀려오는 파도
빠져듦과 헤어남이
비교적 자유로운 것
깊은 슬픔은
거세게 몰아치는 풍랑
이렇게 슬프니 알아달라고
온몸으로 부딪치는 호소
가없는 슬픔은
헤어나기 어려운 심연
눈물 속으로 가라앉아
숨 쉴 수 없는데 아무도 모르는 해류
자신도 모르게 넘친 눈물을
뒤늦게 깨닫지만
바닥이 보일 때까지
결코 멈추지 못하는 것
슬픔은 바다
푸르게 멍든 마음의 몸부림

내 삶의 중심

산책길을 휩쓰는
된바람에 놀라
몸을 피한
큰 나무 아래
야윈 나뭇가지들이
하늘을 휘저을 때마다
빙하 같은 하늘 조각이
우수수 떨어진다
푸르게 이는 현기증에
껴안은 나무 둥치
잔떨림 하나 없이 듬직해
아하, 그렇구나!
운명의 된바람이
아무리 휘몰아쳐도
마음의 뿌리만 튼실하다면
잡을 수 있는 거야, 내 삶의 중심

Part 4

민들레
부부의 사랑

뜨거운 볕을 같이 버티고
찬 바람을 기꺼이 맞으며
거센 빗줄기를 함께 견뎠소
싱싱한 몸뚱이는 윤기를 잃고
고운 머리도 하얗게 세었지만
알찬 사랑은 여전히 변함없소
나란히 서서 한 방향을 보고
서로의 꿈을 응원하니
이 또한 좋은 일이 아니오
사이좋게 늙어간다는 건
참으로 축복받을 일이니
언젠가 떠날 준비도 같이 합시다

-「민들레 부부의 사랑」전문

좋은 사람이 오는 날

좋은 사람이 오는 날
마음이 먼저 가서
등불을 켜고 있다
앞길 환히 밝히려고
아무 탈 없으라고
등불을 들고 있다
줄어드는 시간만큼
설렘은 커지고
늦어지는 시간만큼
조바심은 갈래갈래
좋아하는 마음이 클수록
아껴 써야 하는 이유

Part 4 · 민들레 부부의 사랑

군고구마를 먹다가

구수한 냄새에 홀려 산
군고구마 한 봉지
잘 익은 것 하나 골라
덥석 입에 넣는데
아궁이에서 타닥타닥
콩대가 타는 소리
내 어릴 적
문풍지를 파고드는
시린 겨울바람에
이불 뒤집어쓰고 들었던
타닥타닥 타닥타닥
콩대가 타는 소리

깊숙한 고구마 뒤주에
대롱대롱 매달려 건진
고구마 몇 알
발갛게 달아오른
콩대 잿불에 던져 넣고
부삽으로 도닥도닥

코끝이 빨갛도록
온 동네를 쏘다니다가
구수한 냄새가
허기를 낚으면
배 움켜쥐고 달려와
아궁이 앞에 조르르

부지깽이로 뒤져 건진
군고구마 다섯 개
옹기종기 모여 앉은
우리도 오 남매
언 손 위에 올려놓고
이리저리 굴리다가
까만 껍질 툭툭 뜯어
드러난 노란 속살
덥석 깨물다가, 앗뜨뜨!
고라니처럼 강중강중
검댕 얼굴 손가락질하며
낄낄 웃던 어느 겨울날

좋은 이가 찾아오면

갑자기 좋은 이가 찾아오면
불쑥 문을 밀고 들어서면
봄날 벚꽃망울 같은
연분홍빛 놀람이 팡팡 터진다
입꼬리는 한껏 올라가는데
말문은 막혀 어어, 하다
머뭇머뭇 손을 뻗어
꼬옥 껴안는다, 진짜네
그제야 재어둔 유자청 같은
반가움이 밀려들고
머무는 시간 마디마디는
온통 반짝이는 노란빛이다
부푼 풍선처럼 터진
두서없는 이야기에 허둥대다가
립스틱만 칠하고
사진 몇 장 찰칵!
밥 한 끼도 못 했건만
야속하게 떠나는 차 꽁무니를
썰물같이 푸른 허전함이
발 동동대며 따라간다

Part 4 · 민들레 부부의 사랑

밤 열 시 삼십 분

언제부터 오시는가
자분자분 내리는 비
숨죽인 가로등 아래
실처럼 퍼지누나
문득 코끝에 맴도는
알싸한 파스 냄새
홀로 계신 아버님의
굼뜬 손끝 아른아른
전화기 들었다가
머문 눈 끝에
비 그림자처럼 일어서는
밤 열 시 삼십 분

Part 4 · 민들레 부부의 사랑

내 친구

오늘 점심 어때?
좋아
내일 오후에 볼 수 있어?
알았어
농사짓고 물건 내느라 바쁘면서도
나에겐 언제나 초록불인 내 친구
오십 년을 하루처럼 새롭게
하루가 오십 년같이 편안한 사이
할 말 못 할 말 속엣말 다해도
둘만 알고 삭이며 웃고 마는 사이

일하다 말고 헐레벌떡 달려와
문 불쑥 열고 남새 꾸러미 내밀며
나 왔어!
왔냐?
서로 수더분한 한 마디로
인사를 갈음하고
하나 더 팔지
있으니까, 그냥…
손 크고 웃음소리 크고
마음은 더 큰 내 친구

우리 토요일에 만날까?
오늘도 난 널 꾀어낸다
묻지도 따지지도 않고 나오는
너는 모르겠지?
평생 일에 치여 사는 네가
나랑 만날 때만이라도
맛난 거 먹으며
엉덩이 붙이고 좀 쉬기를…
내가 시도 때도 없이
널 불러내는 숨은 이유

둘이라는 것

커피가 차의
전부인 당신
커피가 차의
일부인 나
당신은 커피로
나의 시간을 사고
나는 커피로
당신의 사랑을 산다
시간이 흐른들 어떠랴
사랑이 머문들 어떠랴
둘이라는 것만으로도
이렇게 향기로운걸

Part 4 · 민들레 부부의 사랑

사위

딸 시집보낸다고
서운해했는데
듬직하고 튼실한
아들 하나 더 얻었다
보름달같이 환한 얼굴로
어무니, 어무니 하는데
분수처럼 자꾸만
엄마 미소가 나온다
카톡에 저장된 사위의 명칭은
우리 아드님
내가 낳은 아들의 명칭은
우리 아들
아들의 눈치 보다
공연히 미안해져
우리 아들 글자 뒤에 슬쩍
하트 하나 더 붙였다

면회를 뒤로하고

새봄은 무르익어 살쪄만 가는데
우리 엄마는 날로 시들고 야위어 간다
허벅지가 내 작은 손안에 들어올 만큼
뼈와 가죽만 남은 우리 엄마
마주 잡은 손의 희미한 온기가
오히려 눈시울 붉어지는,
엄마가 좋아하는 이미자 노래 틀어놓고
내 근황 주절주절 늘어놓다가
다음 면회자 기웃거림에
쫓기듯 나온 면회실
또 올게요, 손 흔들어 주고
타박타박 걷는 길

넓은 차로를 가로질러
굴다리 옆 좁은 산길
굽이굽이 도는데
향기 짙어 더욱 서러운 등꽃만
속절없이 푸르고
세상은 온통 꽃 천지인데
듬성듬성 빠진 흰머리의
민들레 홀씨만 자꾸 눈에 밟혀
후르르 날아가는 홀씨
우두커니 지켜보다
우러른 하늘은
사월같이 아리다

사랑꽃

새벽부터 밤까지
온 풀숲을 뒤져
제 부리보다 큰 먹이를
물고 와 먹인다
새끼들이 자라는 만큼
어미의 몸은 여윈다

낳고 먹이고
입히고 가르치며
있는 것 없는 것 긁어모아
애지중지 기른다
자식이 장성할수록
부모는 쭉정이가 된다

조건 없는 사랑이
깊으면 깊을수록
기름진 마음밭은
끝없이 넓어지니
피어나는 사랑꽃 향기도
짙고 또 짙더라

육순

구순에 가까운
부모가 있는
육순 줄에 들어선
자식의 삶은 치열하다
열심히 먹고
열심히 걷고
열심히 하고
열심히 배운다
나이 들어 주책이다
욕심 많다
흉보지 말라
그들은 안다
먹을 수 있을 때 먹고
걸을 수 있을 때 걷고
할 수 있을 때 하고
배우는 데 늦은 나이가 결코 아님을

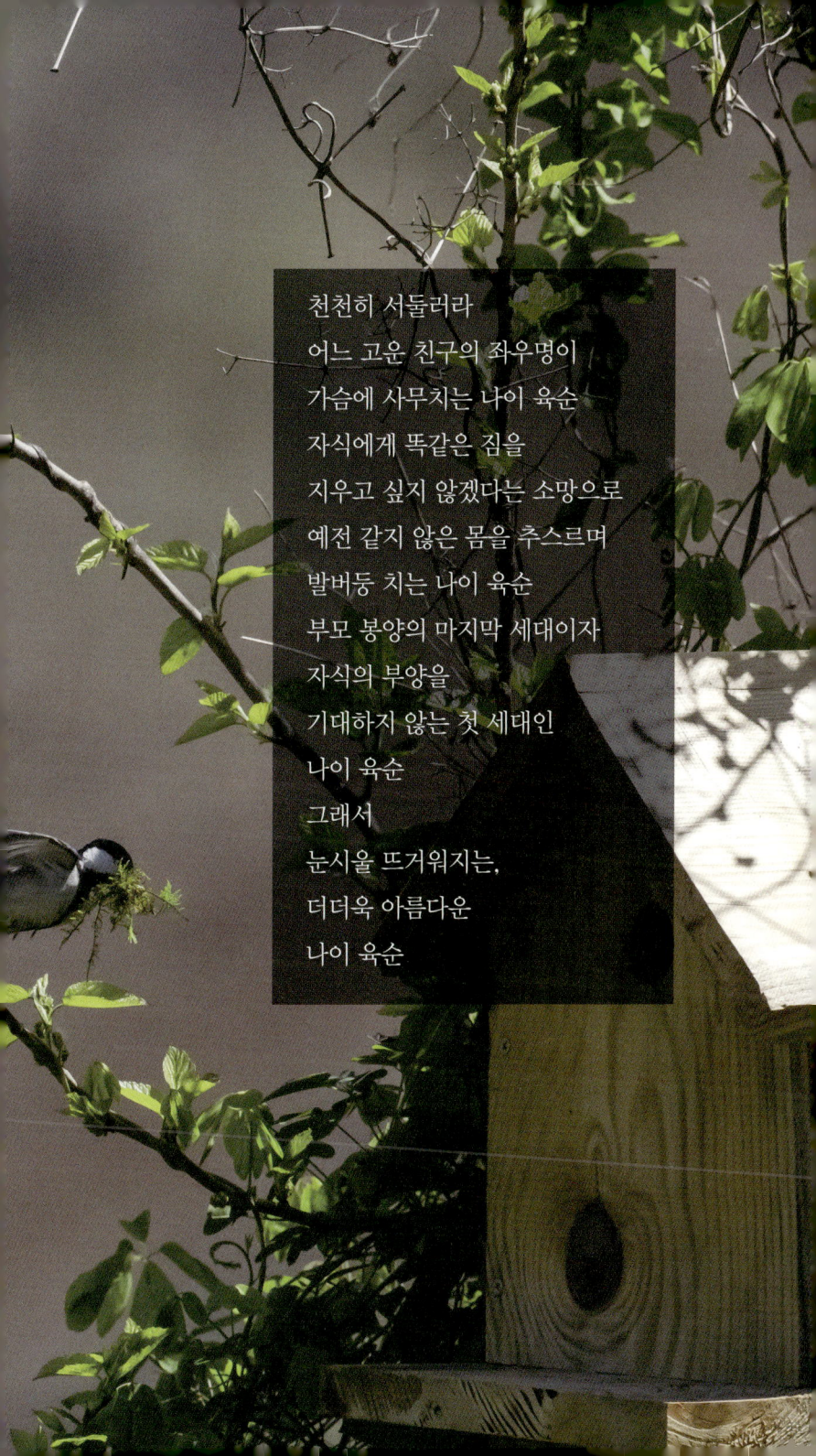

천천히 서둘러라
어느 고운 친구의 좌우명이
가슴에 사무치는 나이 육순
자식에게 똑같은 짐을
지우고 싶지 않겠다는 소망으로
예전 같지 않은 몸을 추스르며
발버둥 치는 나이 육순
부모 봉양의 마지막 세대이자
자식의 부양을
기대하지 않는 첫 세대인
나이 육순
그래서
눈시울 뜨거워지는,
더더욱 아름다운
나이 육순

선물

오늘은 시아버님의 생신날
사위가 생신 선물로
꽃다발과 닭튀김을 사 왔다
우리 시아버님
꽃다발엔 데면데면하시더니
닭튀김은 몇 번이나
맛나다, 고맙다 하신다

- 이 서방, 앞으로 할아부지 선물은 먹을 거로!

내 귀띔에 빙그레 웃는 사위
하지만 나는
내 몫으로 따로 사 온
장미 한 송이가
더없이 좋다

좋은 선물이란
받을 사람의
마음 높이에 맞추는 것

딸 부부가 온 날

달고 시원한 수박
두 쪽만 먹으면 좋겠는데
오면서 가면서
입맛만 다셨다
아홉 식구가 복작복작 살던 새댁 시절엔
한 통도 그 자리에서 뚝딱인데
지금은 단출한 식구라
한 통은 너무 많아

딸 부부가 온 날
비로소 시원하게 한 통
짝 갈랐다
연거푸 네 쪽이나 먹었다
나눠 먹을 사람들이 있다는 건
얼마나 다행한 일인가
웃음이 수박씨처럼 터져 나오고
마음은 수박속같이 달콤하다

영면

잠자듯 평온한 얼굴 다행이다
비겁하게 위로하며
먹고 마시고 쪽잠 자고
몰래몰래 눈시울 적시다가
먼 세월 당겨 만난 사람과
서먹한 사람들과
친한 사람들과
절을 하고 비슷한 말 나누고 배웅하며
거울 안 세계처럼 흐릿한
사흘이 흘렀다

병실에서 한 번
영안실에서 한 번
회장터에서 한 번
이렇게 세 번의 이별을 하고
영구차로 먼 길 가서
먼저 가신 아버지 곁에
합장하고 돌아오는 날
매미 소리가 자꾸만
죄인, 죄인
그렇게 들렸다

쌀을 씻고 양파를 썰다가
세탁기를 돌리고 행주질을 하다가
눈썹을 그리고 립스틱을 바르다가
뜨거운 불덩이가
울컥 치밀어올라
하늘의 구름 땅의 꽃
뜨거운 햇살 차가운 바람
잡아당겨 다독여 보지만
모두 한 얼굴로 겹쳐지는
엄마의 영면 나흘째 되는 날
밥숟가락이 참 무거운 날

Part 4 · 민들레 부부의 사랑

흐린 화요일

매주 화요일은
엄마 면회 갔던 날
먼 길 가신 거 깜박 잊고
무심코 예약하려다
전화기 툭!
내려놓았다
눈앞이 흐려져
액정이 보이지 않는다
한참이나 우두커니
앉아 있었다

Part 4 · 민들레 부부의 사랑

아낌없이

사랑하는 사람과
함께하는 시간은
소비가 아니라
저축이야
시간은 흘러
사라지는 거라지만
사랑하는 사람과
쌓아 올린 시간은
서로의 마음을
든든하게 지켜주지
마치 잔고 넉넉한
보통예금 통장처럼
부자가 되고 싶다면 먼저
쫄깃쫄깃 씹히는 백설기같이
맛있는 추억으로
마음 곳간을 채우는 거야
하지만
사랑의 표현은
앞뒤를 재지 말고
아낌없이 소비할 것

Part 4 · 민들레 부부의 사랑

새벽 세 시 삼십삼 분

새벽 세 시 삼십삼 분
불현듯 잠이 깨어
이른 새벽의 삶에
귀를 기울인다
열린 창문을 타고
기어드는 풀벌레 소리
살짝 녹은 박하사탕같이
끈적한 서늘함이 묻어나는 바람
옆지기의 코 고는 소리
뒤척이는 소리
차 한 대 없는 도로를
지키는 신호등 불빛
끊임없이 이어지는
회색 생각의 고리
귀 뒤를 갉아대는
참을 듯 말 듯한 가려움증
가슴을 지근지근 밟으며
올라오는 깊고 진한 숨결
오늘은
엄마의 사십구재

늙은 그대에게

젊을 땐 살아온 날보다
살아갈 날이 더 많기에
미래를 보며 산다 하고
늙으면 살아갈 날보다
살아온 날이 더 많기에
과거를 보며 산다 하지
하지만 현명한 이는
뒤집어 생각할 줄 안다네
겪지 않은 젊은이가
고민하고 헤매며
불확실한 미래를 엮을 때
겪으며 오래 묵은 그대는
마음먹기에 따라 달라진
하루하루를 보낼 수 있지
그러니까 늙은 그대
갈 길이 짧다고 한탄하기 전에
가까운 곳을 찬찬히 살피게나
생각보다 훨씬
재미있는 일이 많을 게야

Part 4 · 민들레 부부의 사랑

때

올 때는
지켜보는 사람 있을 때
눈을 뜨는데
떠날 때는
주로 아무도 없을 때
홀로 눈을 감더라
이 세상에
언제 올지는
짐작이라도 하지만
저세상으로
언제 가는지는
누구도 몰라

살아온 삶의
어느 때를 잘라 봐도
쫀쫀하고 고르게,
하루를 평생처럼
평생을 하루처럼
올 풀리지 않게,
작은 편안 큰 수습
짧은 외면 긴 슬픔
후회로 마음 깎지 않도록
순간순간을 엮어
삶의 베를 짜야 하는
숨은 이유

Part 4 · 민들레 부부의 사랑

어머님이 떠나신 날

막내 시동생 장가보내고 찍은
고운 시절 영정사진이
수많은 꽃송이에 묻혀
고요히 나를 응시한다
그러고 보니
어버이날 카네이션 몇 송이가
다일 뿐
살아생전 우리 어머님께
예쁜 꽃다발 하나
드려본 적이 없다
돌아가신 뒤의
이렇게 많은 꽃이
무슨 소용 있으랴
송이송이 하얀 국화는
며느리의 맘속 깊은 슬픔의 꽃무덤
그윽한 국화 향기는
어머님의 은근한 며느리 사랑
하늘 고와서 더욱 서러웠던
어머님이 떠나신 날

떠나보낸다는 것

떠나보낸다는 건
무심했던 것이
유심하게 다시
눈에 들어오는 것이다
장롱 깊숙한 곳의 작은 손가방
한쪽 다리가 휘어진 돋보기안경
잔 상처 많은 소박한 반지
낡은 파우치 속 귀걸이 한 짝
웃고 있는 사진 한 장
휴대전화 일정에 뜬 생신 메모
가장 마음 깎는 건
생전에 무심하게 내뱉었던
독설 한 조각
떠나보낸다는 것은
많은 것을 내보내고
지워지지 않은 그림자만 엮어
가슴 깊이 묻는 일이다
그러고도 어쩌다
천에 숨겨진 따끔한 바늘 같아
순간 숨이 멎는
날카로운 슬픔이다

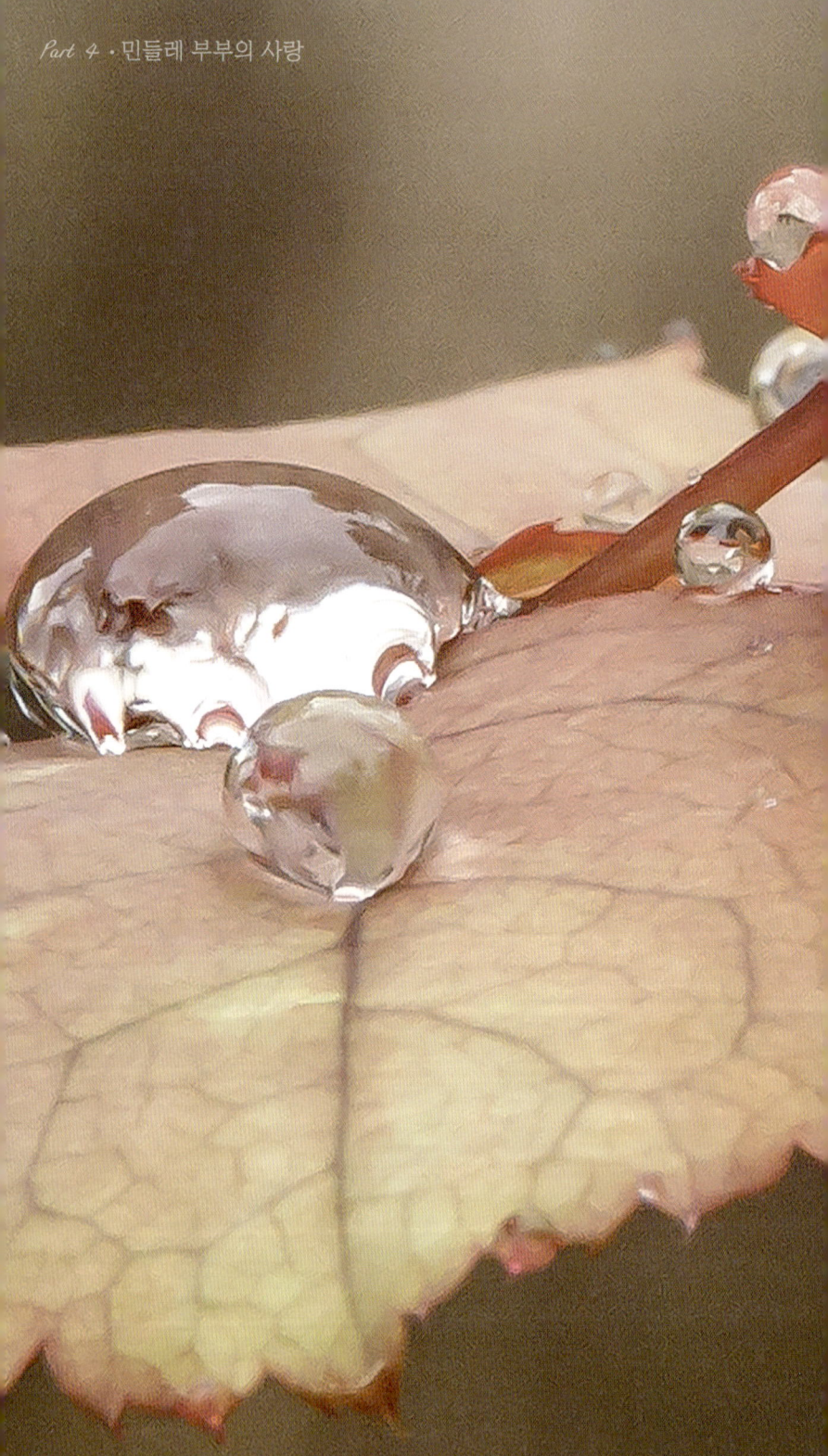

Part 4 · 민들레 부부의 사랑

엄마 생각

저 멀리 마을의
깜박이는 불빛
짙은 산 그림자
돌아드는 길모퉁이
구덩이인지 풀밭인지
발걸음만 터덕터덕
철퍼덕 넘어져 깨진 무릎
아픈지도 몰라
촘촘한 측백나무 울타리가
희미하게 드러나고
큰 잎에 숨어 농익은
무화과 향기에
그제야 터져 나오는
메마른 밭은 숨

반딧불이 나는 옥수수 숲길
절뚝이며 가로지르면
노란 불빛 너머 어른어른
눈에 익은 그림자
"엄마!"
치맛자락 꼭 붙잡고
터졌던 설움
무뚝뚝한 타박도 포근한
같은 하늘 아래였는데
이제는
한없이 멀어진
하늘 위와
하늘 아래
불러도 찾아도 닿지 않은
그 머나먼 슬픔의 거리

사랑하는 그대에게

운명의 갈림길 각도는
아주 작아서
처음엔 긴가민가하며
느끼지 못해
그러다 이거였구나
깨달을 땐
눈에 띄게 벌어져
처음으로 되돌아올 수 없어
그때 이렇게 했으면
그때 그렇게 해야 했는데
내 탓이야 아님
네 탓이야
잘못을 꾸짖어 봤자
마음만 깎아먹어

그리 되게 만들었다고
꼭 그리 되란 법은 없지 않나
잡혀서 가라앉든
떨치고 헤어나든
그건 오로지
선택하는 상대의 몫이야

이미 벌어진 일이라면
바꿀 수 없다면
왜 그랬지?가 아니라
이만하기 다행이라고 생각해
마음이란 아이는
물과 닮아서
물꼬를 터주는 대로
흘러가거든

세상에는
필연의 신발을 신은 불행보다는
우연의 옷을 걸친 행운이
더 많이 숨어 있대.
그러니 보물찾기라도 하듯
찬찬히 찾아보자
지금 살아있다는 건
감사할 일이고
손잡고 다시 걸을 수 있다는 건
멋진 일이잖아
그러니 사랑하는 이여
어깨를 펴고 고개를 들어
내게 있어 그대는
최고의 행운이야

Épilogue

나의 좌우명

조급한 말과 행동은
내 마음과 몸을 재촉해서
삶의 여유를 빼앗고
행복을 찾는 길을 잃게 합니다
그래서 오늘도 나는
심호흡을 하고 고요히 되뇝니다
내가 나아가야 할 지표,
나의 좌우명을

한 번에 하나씩
천천히 차근차근

-소민과 라휘의 시와 사진이 있는 풍경 4-

꽃물 든 산허리에 별이 뜨면

초판 1쇄	2025년 5월 25일

지은이	박선숙
사진	권정열
발행인	김재홍
교정/교열	김혜린
디자인	박효은
마케팅	이연실

발행처	도서출판지식공감
등록번호	제2019-000164호
주소	서울특별시 영등포구 경인로82길 3-4 센터플러스 1117호 (문래동1가)
전화	02-3141-2700
팩스	02-322-3089
홈페이지	www.bookdaum.com
이메일	jisikwon@naver.com

가격	15,000원
ISBN	979-11-5622-937-7 03810

ⓒ 박선숙, 권정열 2025, Printed in South Korea.

- 이 책은 저작권법에 따라 보호받는 저작물이므로 무단전재와 무단복제를 금지하며, 이 책 내용의 전부 또는 일부를 이용하려면 반드시 저작권자와 도서출판지식공감의 서면 동의를 받아야 합니다.
- 파본이나 잘못된 책은 구입처에서 교환해 드립니다.